BIOGRAPHIE

DE

M. L'ABBÉ FRANÇOIS-AUGUSTE MARTHE

CHANOINE, SUPERIEUR DU GRAND SEMINAIRE

VICAIRE GÉNÉRAL

ET DE

M. L'ABBÉ GERMAIN-FRANÇOIS CAFFET

CHANOINE TITULAIRE

(avec leurs photographies)

par M. l'Abbé G. PHILIPPET

Directeur du BULLETIN RELIGIEUX *de Beauvais*

BEAUVAIS

TYPOGRAPHIE D. PERE, IMPRIMEUR DE L'ÉVÊCHÉ, RUE SAINT-JEAN

1886

BIOGRAPHIE

DE

M. l'Abbé MARTHE

ET DE

M. l'Abbé CAFFET

BIOGRAPHIE

DE

M. l'Abbé François-Auguste MARTHE

CHANOINE, SUPÉRIEUR DU GRAND SÉMINAIRE

VICAIRE GÉNÉRAL

ET DE

M. l'Abbé Germain-François CAFFET

CHANOINE TITULAIRE

(avec leurs photographies)

par M. l'Abbé G. PHILIPPET

Directeur du Bulletin religieux *de Beauvais*

BEAUVAIS

TYPOGRAPHIE D. PERE, IMPRIMEUR DE L'ÉVÊCHÉ, RUE SAINT-JEAN

1886

Approbation de S. G. Monseigneur l'Evêque.

A Monsieur le Directeur du BULLETIN RELIGIEUX.

Beauvais, 18 Juin 1886.

Monsieur et cher Directeur,

J'applaudis bien volontiers à votre louable intention de publier en *Notice*, et avec un peu plus de développement, les intéressants articles que vous avez consacrés, dans le *Bulletin religieux* du Diocèse, à la mémoire de M. l'abbé Marthe et de M. l'abbé Caffet.

Rien de plus propre à perpétuer parmi nous le souvenir de de ces deux éminents Chanoines, notamment de M. l'abbé Marthe, dont j'ai pu mieux apprécier tout le mérite en sa double qualité de Supérieur du Grand Séminaire et de Vicaire général ; rien aussi, sans aucun doute, de plus agréable à leurs nombreux amis.

Veuillez donc agréer, Monsieur et cher Chanoine, avec mes encouragements, l'assurance de mes sentiments dévoués en N.-S.

† JOSEPH-MAXENCE,

Evêque de Beauvais, Noyon et Senlis.

AVANT-PROPOS.

C'est justice de rapprocher dans une seule et même *Notice* le souvenir de deux amis que la Providence a si étroitement liés entre eux dans la vie et dans la mort : *Quod Deus conjunxit homo non separet.* Dans leur réunion devant Dieu, aussi bien que dans le concert de leur existence ici-bas, ils resteront inséparables : comme ces deux oliviers et ces deux candélabres, que l'Ecriture (Apoc. XI, 4) nous montre indissolublement unis devant le Seigneur, pour pénétrer tour à tour la terre de l'onction de la grâce et de l'éclat de la lumière divine.

Leurs portraits devaient donc être fixés dans le même cadre, se complétant pour ainsi dire l'un par l'autre, de même que leurs vies, souvent confondues, toujours unies, ont rayonné dans le même milieu et que leurs dépouilles ont été déposées côte à côte à l'ombre du même caveau.

D'ailleurs, presque tous leurs amis étaient pour eux des amis communs, qui tiendront à conserver, dans un mémorial unique, leurs deux et chères images, comme on aime à grouper ensemble des photographies de famille.

Puisse du moins cette rapide et incomplète ébauche ne pas être trop au-dessous de ses modèles, et donner une idée suffisante de leurs traits distinctifs et de leurs mérites, de leurs vertus et de leurs œuvres !

O chers et regrettés Défunts ! c'est un de vos amis, ou mieux un de ces enfants que vous avez laissés après vous sur la terre d'exil qui vous dédie ce faible et suprême hommage : il aurait voulu vous faire revivre plus fidèlement dans cette pâle esquisse (1) ! Toutefois, une pensée le console : c'est que les souvenirs de tous ceux qui vous ont connus et aimés suppléeront à l'insuffisance du tableau.

Oui, dans bien des cœurs reconnaissants et dévoués, vous vivrez l'un et l'autre, et vous en particulier, ô Père bien aimé, qui, après avoir été si longtemps le guide et le modèle du Grand Séminaire, en resterez invisiblement l'ange gardien. Vous vous survivrez tous les deux dans le cœur et dans la vie de ceux qui veulent devenir votre couronne au sein de l'indissoluble famille de l'éternité. Demandez, demandez pour vos enfants à notre Père commun, au Père de toute sainteté, cette union qui fut votre joie et votre soutien : *Pater sancte, serva eos in nomine tuo quos dedisti mihi, ut sint unum sicut et nos* (S. Jean, XVII, 11).

(1) Sera-t-il permis d'invoquer ici, en y changeant un mot par une modestie nécessaire, deux beaux vers consacrés par le grand poète latin à la mémoire de deux amis également inséparables :

Fortunati ambo! si quid me scriptula possunt,
Nulla dies unquam memori vos eximet ævo?

Virg. Æn. ch. IX, v. 446, 447.

I

LEUR MALADIE ET LEUR MORT.

Deux pertes bien douloureuses et précipitées sont venues, le vendredi 30 avril, jeter le deuil et la consternation dans le Grand Séminaire : à quatre heures d'intervalle, en deux chambres contiguës, s'endormaient dans la paix du Seigneur deux amis intimes : M. l'abbé Marthe, chanoine titulaire, vicaire général et supérieur du Grand Séminaire depuis plus d'un quart de siècle, et M. l'abbé Caffet, chanoine titulaire de la Cathédrale de Beauvais.

Ces deux décès, bien que consolés par tous les secours religieux qui assurent et dénotent la mort des prédestinés, ont été cependant, surtout celui de M. l'abbé Marthe, aussi prompts que poignants. Au sujet du pieux et zélé M. Caffet, depuis sa chute grave au maître-autel de la Cathédrale, le Mardi-Saint, on éprouvait de vives inquiétudes et l'on redoutait même un dénouement fatal, sans toutefois le craindre à si bref délai ; mais pour l'actif et dévoué M. Marthe, rien ne pouvait, jusqu'à la veille de son trépas, faire entrevoir cette rapide et cruelle séparation.

Tout d'abord, il ne paraissait atteint que d'un simple rhume, contracté à la suite des obsèques du regretté M. Quentier et des offices du Jeudi-Saint à la Cathédrale. Le Vendredi-Saint, à midi, suivant la coutume du Séminaire, et en souvenir de la mort du divin Crucifié, venu sur la terre, *non pour être servi*, mais *pour servir*, ce cher Supérieur avait encore voulu et pu, avec les autres directeurs, servir à table les élèves. Mais vaincu dans ses forces, non dans son courage, il disait ensuite : « Je n'en puis plus, je n'ai plus de voix ; » car son rhume dégénéré bientôt en bronchite, s'ajoutant à son asthme ordinaire, l'oppressait et le faisait beaucoup souffrir. Mais son fort tempérament donnait l'espoir d'une issue favorable. Aussi le matin du lundi de Pâques, les élèves partaient en vacances sans inquiétudes; la plupart des directeurs les avaient suivis avec la même confiance. Toutefois, le vénéré malade avait, lui, laissé transpirer certaines préoccupations : soit par une attention toute paternelle, soit par un vague pressentiment de la mort que, depuis quelque temps, il entrevoyait et dénonçait comme prochaine, il fit monter dans sa chambre, au départ, un élève de chaque cours, « afin, répétait-il, d'embrasser en leur personne tous les membres de sa chère communauté. » Il dit même à l'un d'eux : « Qui sait ? Ce sera peut-être la fin ! S'il faut mourir, soumettons-nous. » Mais à d'autres, comme au R. P. Noble, prédicateur de la station de Carême et hôte du Séminaire, il disait : « Non pas adieu, mais au revoir ! » Son âme était donc partagée entre divers sentiments; et le jeudi, veille de sa mort, à ses petites-nièces, venues pour le voir, il répondait d'attendre et de remettre leur visite à quelques jours, dans l'espérance qu'alors il irait mieux. Hélas ! ces chères orphelines, dont il était le tuteur ou plutôt le père, petites-filles de sa digne sœur, Mme Bouffet, il ne devait plus les revoir sur la terre : c'était un suprême sacrifice que lui imposait son respect scrupuleux pour la Règle.

Il restait au Séminaire quelques élèves, avec des gardes-malades dévouées, pour soigner les chers convalescents, — qui continuèrent à se lever jusqu'au dernier jour, — et deux directeurs pour les assister.

Deux autres purent arriver à temps pour recueillir leur dernier soupir et leur rendre les suprêmes devoirs. Car la crise devait se précipiter avec une saisissante rapidité, d'abord pour M. l'abbé Caffet.

Son évanouissement et sa chute à la renverse avaient produit un profond ébranlement cérébral et un commencement de paralysie dans certains organes ; car il éprouvait une très grande difficulté pour avaler. Une ardente fièvre lui causait souvent aussi du délire; mais dans ses intervales lucides, il se rendait compte de la gravité de son état et se montrait admirable de pieuse résignation. C'est dans un de ces moments de parfaite lucidité, que, l'après-midi du Samedi-Saint, il put, *comme pour la dernière fois,* se confesser à son vénérable directeur et ami, et probablement l'absoudre ensuite lui-même; il eut de plus la consolation de communier en viatique, avec pleine connaissance, le matin du saint jour de Pâques. A partir de ce moment, sa raison se voila davantage sous l'action du délire, ne se réveillant que par intervalles, comme à la visite que Mgr l'Evêque rendit aux vénérés malades, et à l'arrivée de M. le doyen de Ribécourt; de même, il put encore, le jeudi 29 avril, à la suite d'une consultation de médecins bien alarmante, recevoir le Sacrement des malades; et le lendemain matin, après une nuit d'agonie, Dieu permit qu'il reprît connaissance à la voix amie de celui qui lui consacre ces lignes, et qu'il reçût une suprême absolution. C'était la dernière lueur d'une lampe qui s'éteint; quelques minutes après, son âme s'envolait doucement vers son Dieu. Il était 6 h. 1/4 du matin.

Pendant ce temps, tout près de cette cellule, devenue une chambre mortuaire, l'état de M. l'abbé Marthe, qui s'était fort aggravé la veille au soir, empirait de plus en plus, en dépit des soins empressés, intelligents et dévoués de M. le Dr Dupuis. Vers 8 heures, le cher malade, oppressé dans son lit, voulut se lever encore, dans l'espoir d'éprouver un peu de soulagement. Il se fit transporter sur un fauteuil près du foyer allumé de sa chambre de travail. Ce devait être le dernier effort de sa nature énergique; il s'affaissa sur lui-même, suffoqué par son oppression de poitrine. Aussi l'âme dévouée qui le soignait lui dit en le relevant : « M. le Supérieur, c'est le moment de faire à Dieu le sacrifice de votre vie et de recevoir l'extrême-onction. » Alors ouvrant les yeux tout grands et recueillant toutes ses forces, il exhala un *oui* bien prononcé. Cet acte de calme et pleine soumission à la volonté de Dieu fut sa dernière parole, mais non le dernier acte d'une connaissance qu'il conserva presque jusqu'à la fin.

Aussitôt M. l'abbé Renet, directeur du Séminaire, assisté de ses confrères présents, accourus à la hâte et tout en pleurs, conféra d'une main émue le Sacrement des malades au vénéré moribond, en lui suggérant des actes de foi, de charité, de résignation à la volonté divine. Puis une consultation de médecins, attendue déjà dès la veille, enleva tout espoir et dissipa toute illusion. Reporté dans son lit, le cher mourant parut un peu moins oppressé, et répondit par le regard aux pieuses exhortations de M. l'abbé Duflos, vicaire général, ou d'autres prêtres amis. De même, sur la demande qu'on lui fit de bénir son bien aimé Séminaire, directeurs et élèves, il essaya de lever la main droite; mais ce fut en vain, il ne put donner sa bénédiction que de cœur. L'agonie était commencée et l'oppression faisait d'effrayants progrès. Vers 11 heures, après avoir encore entendu la voix de Mgr Millière, qui voulut bien réciter, au milieu des larmes des assistants, les prières de l'agonie, l'âme du très regrettable Supérieur se détachait sans effort de sa dépouille visible, pour aller retrouver devant Dieu l'âme de son ami qui venait, 5 heures auparavant, de le précéder dans l'éternité.

Par une coïncidence remarquable et pareille à celle que le martyrologe romain signale au sujet de S. Médard et de son frère, S. Gildard, ces deux amis de cœur, inséparables pendant leur vie, se trouvaient réunis jusque dans la mort : ensemble ils avaient fait une partie de leurs études, ensemble ils ont reçu l'ordination sacerdotale, le 22 septembre 1832, ensemble ils ont été professeurs au Pensionnat de Goincourt, ensemble encore, le 25 septembre 1882, ils ont célébré les *noces d'or* de leur sacerdoce; toujours unis d'esprit et de cœur, ensemble ils ont vécu, surtout depuis la mort de Mgr Gignoux et la rentrée de M. l'abbé Caffet au Séminaire pour y jouir d'une fraternelle hospitalité : il sont aussi morts le même jour, sont entrés le même jour dans la patrie véritable ; ensemble, ils ont été exposés dans la même chapelle ardente, ont eu le même convoi, le même service funèbre, et ils reposent côte à côte dans le même caveau, *amabiles in vitâ suâ, in morte quoque non sunt divisi.* (II. Reg. I. 23.)

A cette triste et imprévue nouvelle, envoyée par télégrammes, lettres ou circulaires, les directeurs absents et les élèves furent attérés, tout le diocèse fut surpris et désolé. A Beauvais tout d'abord, le clergé et les fidèles furent vivement impressionnés par cette double et prompte mort. Bientôt, dans le grand parloir du Séminaire, converti en chapelle ardente, autour du lit de parade où ces deux frères semblaient dormir, commença une véritable procession, où se succédèrent de pieux visiteurs et pèlerines de tout âge et de toute condition. Les élèves, accourus en grand nombre, dès le dimanche soir, eurent à cœur de passer à tour de rôle la dernière veillée funèbre autour du cercueil de leur vénéré Supérieur.

II.

LES OBSÈQUES.

La cérémonie des obsèques, qui fut un triomphe pour les deux regrettés défunts, apparut comme un deuil de famille, non seulement pour le Séminaire, mais pour tout le clergé du diocèse, au sein duquel M. l'abbé Marthe notamment compte tant d'élèves ou d'enfants spirituels, et ne laisse que des amis. Plus de 300 prêtres, — tous ceux, nous le savons, que n'ont pas retenus les exigences du ministère ou des raisons de santé, — plus de 300 prêtres s'étaient empressés de venir donner à leur très regretté Supérieur et vicaire général un éclatant et suprême témoignage d'estime, de reconnaissance, de piété filiale et de douloureuse sympathie ; ce grand nombre de prêtres, joints aux 70 séminaristes, formait un long et touchant cortège de 400 ecclésiastiques en surplis.

La levée des deux corps fut faite au Grand Séminaire par Mgr Millière, protonotaire apostolique, vicaire général. Les cercueils étaient couverts de couronnes de fleurs naturelles ou artificielles, offerte pour M. l'abbé Marthe : par MM. les Directeurs, par les élèves du Grand Séminaire, par les nièces du regretté défunt, par une parente de Paris, Mme Dubarre, par les Religieuses de St-Aubin, par M. Avonde, par M. Depienne, d'Amiens, etc. ; — pour M. l'abbé Caffet : par les Enfants de Marie de Beauvais, par l'Ouvroir de la Providence, en mémoire de leur dévoué directeur, par M. et Mme Avonde, etc.

Les cordons des poêles étaient tenus par MM. Laurent, Claverie, Thorel, Thémé, Trentelivres, membres du Chapitre, par M. le chanoine Delalonde, supérieur général de la Congrégation des Religieuses de St-Aubin, et par MM. Racinet et Blond, supérieurs des Petits Séminaires de St-Lucien et de Noyon. Le deuil était conduit par MM. les Directeurs du Grand Séminaire, par les neveux des chers défunts et par M. l'abbé Boulanger, curé-doyen de Ribécourt.

Le défilé funèbre se déroula lentement sous les cloîtres, passa devant cette chapelle où M. Marthe était venu tant de fois prier et méditer, et de là, par le grand perron, descendit, au chant du *Miserere*, dans l'allée principale, si souvent foulée aussi par le dévoué Supérieur, et sortit par la grande grille du faubourg Basset; puis il traversa silencieusement le boulevard du Palais de Justice. Sur tout le parcours, comme plus tard durant la conduite au cimetière, une foule nombreuse, respectueusement découverte et silencieuse, à la vue si frappante de ces deux corbillards, témoignait par son attitude même de sa sympathie pour ceux dont elle saluait les dépouilles.

A la Cathédrale, la cérémonie fut imposante et touchante à la fois : elle était présidée par Monseigneur l'Evêque, qui s'était empressé d'interrompre ses courses pastorales pour venir relever de sa présence et consacrer de ses bénédictions les obsèques d'un vénéré chanoine et d'un regretté vicaire général, supérieur de son Grand Séminaire. Sa Grandeur, qui présida en chape et en mitre au grand trône, était assistée de Mgr Lecot, évêque nommé de Dijon, de Mgr Millière et de MM. du Chapitre. La messe fut chantée par M. l'abbé Duflos, vicaire général, ayant pour diacre M. l'abbé Levasseur, curé-doyen de Creil, longtemps économe et directeur du Séminaire sous M. Marthe, et comme sous-diacre, M. l'abbé Pain, curé-doyen de Méru. Elle fut pieusement exécutée en contrepoint, avec un touchant *Pie Jesu*, fort bien rendu par M. l'abbé D. Lefèvre, professeur à St-Lucien. C'est Monseigneur l'Evêque lui-même qui a fait l'absoute, après le chant de l'*Immolavi*; et, comme Sa Grandeur était pressée de prendre le train à destination de Neuilly-en-Thelle, pour la cérémonie de la confirmation remise à l'après-midi, c'est Mgr Millière qui a présidé la conduite au cimetière, comme la levée des corps.

L'assistance était aussi considérable que distinguée et recueillie. Aux premiers rangs, on remarquait, outre les personnages déjà cités, MM. les archiprêtres de Beauvais, Clermont, Compiègne et Senlis; M. l'abbé Dubloc, chanoine de Rouen; la plupart de MM. les curés-doyens des cantons; le R. P. Veyre, supérieur de St-Vincent de Senlis; le R. P. Limbour, directeur de l'Archiconfrérie, avec d'autres Pères du St-Esprit; MM. Leclerc, Opéron, Dauphin, Lefèvre, Gossier, professeurs à Saint-Lucien; MM. Erard, Humbert, Duret, professeurs au Petit Séminaire de Noyon; M. le général Renaud, M. le colonel Potier, plusieurs officiers; le cher Frère Eugène-Marie, directeur du Pensionnat des Frères de Beauvais, le cher Frère Albert, sous-directeur, avec quelques Frères; les Sœurs de Saint-Aubin de Beauvais et de Goincourt, des députations notables des Religieuses de l'Hôtel-Dieu, de St-Joseph, de St-Vincent, des Dames directrices de l'Hospice, des représentantes du Sacré-Cœur avec leurs orphelines; M. le marquis et M. le baron de Corberon; M. le vicomte Louis de Chérisey, M. le vicomte H. de Guillebon, de Troussencourt, avec son neveu, M. Maurice de Guillebon, de Beauvoir, M. de Septenville, M. Charles de Vienne, M. Avonde, M. Vie, M. Rouyer, M. Michel, etc., anciens élèves de Goincourt; M. de Chatenay, député, M. de Carrère, M. Moquet, conseiller général et plusieurs de ses collègues; MM. Paille, ancien adjoint, de Mython, Beauvais, Isoré (de Noailles), Le Chevalier, d'Aubigny, Trézel, Mallet; MM. Dumont, banquier, Filleul, Rayé et Mercier, avoués, Blanchet, Dauzet et d'autres membres de la minorité du conseil municipal, des représentants des diverses administrations, l'Ouvroir de la Providence et beaucoup d'autres assistants et assistantes que nous regrettons de ne pouvoir nommer.

M. l'abbé Rogeau, archiprêtre de Noyon, vicaire général, avait témoigné par écrit à Monseigneur, ainsi que M. le Préfet de l'Oise, le regret de ne pouvoir venir; M. Bourgeois, inspecteur d'Académie, s'était également excusé. De même le R. P. Benoît Préau, supérieur des missionnaires diocésains de Béthisy-St-Pierre, ainsi que M. Jean Duporcq, vieil ami et presque compatriote de M. l'abbé Marthe, ont vivement regretté que des circonstances indépendantes de leur volonté ne leur aient pas permis d'assister ou de se faire représenter aux funérailles de ces chers et vénérés défunts.

Ces deux prêtres éminents et regrettés, dont la longue vie eut toujours, comme on vient de le constater, tant de points de contact, présentaient aussi dans leurs âmes et leurs goûts de nombreux traits de ressemblance : sous des dehors différents, avec leur caractère propre et leur physionomie distincte, ils portaient un même cœur, bien des dispositions identiques. L'un, M. Marthe, était plus vif, l'autre plus calme; l'un plus vigoureux, l'autre plus frêle; l'un plus actif, plus ardent, enjoué même à l'occasion; l'autre plus froid, et austère en apparence; l'un plus doué d'aptitudes pour l'administration, l'autre plus porté vers la vie méditative : mais tous les deux modestes et réservés, pleins de cœur, de tact et de délicatesse; tous les deux, hommes de foi vive, de règle, de devoir, de prière et de piété, faits pour la vie de recueillement et de solitude plutôt que pour la vie apostolique ou pastorale; tous les deux choisis par un juge compétent, le pieux Mgr Gignoux, comme amis et confidents intimes; tous les deux, directeurs à la fois doux et fermes, éclairés, sûrs et fort recherchés, rendant, à cause de leur connaissance d'une langue vivante, des services spéciaux pour la confession des étrangers, M. l'abbé Marthe en faveur des Allemands, M. l'abbé Caffet au profit des Anglais; tous deux enfin, tombés en travaillant, au champ d'honneur du zèle sacerdotal (1) : voilà ce que ces deux fidèles ouvriers du Seigneur furent et restèrent jusque dans les derniers jours de leur verte vieillesse. C'est ce que va montrer en détail le cours de leur belle et féconde existence.

(1) C'est bien le cas d'appliquer à ces deux amis, dans leur vie active ou sédentaire, ce que le poète latin dit de Nisus et d'Euryale :

His amor unus erat, pariterque in bella ruebant,
Tunc quoque communi portam statione tenebant.

(Æneid. ch. IX, v. 182, 183.)

III

M. L'ABBÉ MARTHE.

M. l'abbé Louis-François-Auguste *Marthe*, naquit, le 30 janvier 1807, à La Houssoye, de parents chrétiens et aisés. Il conserva toujours de sa première éducation un affectueux souvenir : il aimait à revoir, même après les transformations apportées par une main amie, la maison paternelle, presque en face de sa chère église, objet de sa généreuse sollicitude, au cœur de cette bien aimée paroisse, dont il était heureux de retrouver les habitants, les rues et les sentiers, avec cette *Côte du Point-du-Jour*, pourtant liée dans sa mémoire à la désagréable origine de son asthme.

De bonne heure, comme il le racontait souvent avec prédilection, il commença l'étude du latin à Senantes, chez le zélé M. Mauger, devenu plus tard créateur de l'établissement d'éducation secondaire fondé à St-Germer et curé-doyen de la paroisse : c'est ainsi que se forma le premier noyau du Petit-Séminaire où l'étudiant retourna dans la suite en qualité de professeur. En attendant, il entra comme élève ecclésiastique au collège de Beauvais, sous la direction du vénérable abbé Guénard, à qui M. Marthe voua dès lors une sorte de culte et en l'honneur de qui tout d'abord il se fit le promoteur de l'érection d'un *caveau*, ouvert ensuite aux directeurs défunts des Séminaires et devenu sa propre sépulture. Au collège, il faisait partie des *camériers*, de ceux qui, vivant pour ainsi dire en chambre, se procuraient leurs subsistances. Sa vocation, éclose à l'ombre de l'autel de La Houssoye, s'épanouit de plus en plus nettement et, sur l'appel de son vénéré supérieur, il fut tonsuré dès la classe de quatrième : il fit de solides études littéraires, comme le prouvaient les citations latines ou même grecques qu'il reproduisait à propos, à plus de 60 ans de distance : les connaissances d'alors, pour être moins étendues qu'aujourd'hui, n'en étaient que mieux enracinées ; elles gagnaient en profondeur ce qu'elles n'avaient pas en surface : sans surcharger l'élève, elles lui donnaient le désir et le moyen de compléter son instruction. M. Marthe, qui faisait lui-même plus tard ressortir ces avantages, en panégyriste du bon vieux temps, leur dut son goût littéraire si pur et si délicat.

Ses humanités finies, il fut, jeune encore, nommé professeur à St-Germer. L'antique et vénérable abbaye avait été convertie en petit séminaire ; là, sous la ferme direction de M. Mauger et ensuite de M. Bessière, il fut chargé d'abord de la septième, puis de la cinquième et de la quatrième, mais toujours en même temps d'un cours d'algèbre et de géométrie et, de concert avec le vénérable M. Ansiot, d'une partie de la musique. Déjà sous les ardeurs et les vivacités de la jeunesse, se dessinait son caractère sérieux, son consciencieux amour du devoir : en voici une preuve, entre autres, qui nous a été racontée par son interlocuteur encore existant :

M. Marthe était chargé de donner des leçons particulières de musique à un jeune homme qui avait peu de dispositions naturelles pour cet art. Découragé par son peu de progrès et craignant d'être ainsi, pour son ardent répétiteur, un sujet d'ennui, l'élève dit un jour à son jeune maître : « Monsieur, vous voyez bien que je n'ai pas d'aptitude pour la musique ; nos leçons ne servent qu'à vous fatiguer en vain, sans m'amuser grandement ; si vous voulez, nous ne perdrons pas davantage notre temps : nous cesserons, sans rien dire, ce cours inutile. » — « Mon ami, reprit vivement M. Marthe, il ne s'agit pas de savoir s'il y a du plaisir pour vous à recevoir ces leçons, ou pour moi à vous les donner. Mais c'est mon devoir de vous les continuer, et le vôtre de les écouter : suivons notre consigne. » — Ceci dit, le maître se remettait à battre la mesure et poursuivait son cours, malgré le peu d'intérêt et de succès. Cet acte d'énergique abnégation, nous a plus d'une fois répété l'élève, maintenant prêtre vénérable, m'inspira dès lors pour M. Marthe une respectueuse estime qui ne cessa de grandir avec les années et l'expérience.

Après son ordination sacerdotale en 1832, le professeur retourna de nouveau à Saint-Germer ; mais il fut envoyé bientôt après à Paris, pour y étudier les sciences, en vue du pensionnat libre qu'on voulait établir pour les enfants des classes aisées, à Goincourt, dans la maison du chanoine Duval, à la place du séminaire des philosophes. C'est alors aussi qu'il fréquenta Saint-Sulpice et qu'il y puisa cet esprit sulpicien qui resta sa règle et son idéal.

Il revint de Paris bachelier, et, sous la haute direction d'abord de M. Bessière, alors à la tête de Saint-Germer, puis de Saint-Lucien, il fut nommé chef d'institution à Goincourt, ayant pour collaborateurs l'illustre M. Poullet, qui allait, du Grand-Séminaire à Goincourt, professer les sciences naturelles, M. l'abbé Caffet, et d'autres prêtres éminents, dont plusieurs vivent encore. M. Marthe se montra digne du choix de Mgr Lemercier et du supérieur du Grand Séminaire, M. Gignoux, par son zèle intelligent en éducation comme par son infatigable activité. Aussi, grâce à son affection, à la franchise de son âme et à son tact exquis, exerça-t-il une influence puissante sur la jeunesse d'élite qui lui était confiée; et de Goincourt sont sortis des hommes fortement trempés, qui ont toujours fait grand honneur à leurs maîtres, qui se sont distingués soit dans le sanctuaire, soit dans les divers ordres de la société, où leurs talents et leurs vertus les ont élevés aux postes les plus éminents, et qui enfin, dans le monde, au cours de leurs différentes carrières, sont restés noblement fidèles aux traditions, aux pratiques chrétiennes de leur première éducation.

M. l'abbé Marthe prépara lui-même, d'une manière spéciale et avec succès, pour les examens de l'école de Saint-Cyr, plusieurs sujets de choix, qui ont conquis dans l'armée des grades supérieurs. Il ne négligeait rien pour stimuler l'ardeur des élèves et donner du relief au pensionnat. Aussi Goincourt était-il le rendez-vous des notabilités intellectuelles de Beauvais, conviées à de brillants exercices publics où les élèves figuraient avec éclat dans des improvisations instantanées en diverses langues, ou bien aux exécutions musicales des chefs-d'œuvre des grands maîtres.

Toutefois, l'actif Supérieur trouvait encore le temps et les moyens de se consacrer au service spirituel de la paroisse; il en fut même nommé curé en titre et installé comme tel officiellement le 1er avril 1842. Plusieurs personnes âgées s'y rappellent encore avec bonheur sa direction ferme et pieuse. On comprend sans peine le déchirement douloureux qu'éprouva son cœur lorsque, par la suppression du Pensionnat en

1844, il dut, nouvel Abraham, quitter cette terre bien aimée et se séparer de ceux qu'il chérissait comme ses fils, et dont il était aimé comme un père de plus en plus apprécié.

Pour le dédommager de ce sacrifice, Dieu, par la voix de Mgr Gignoux, devait l'associer à la direction d'une famille encore plus nombreuse et plus importante. Après avoir préparé pour l'armée de la France des officiers supérieurs et même des généraux, il était appelé à former, pour l'armée de Jésus-Christ et la conquête pacifique des âmes, des prêtres selon le cœur de Dieu. Contre son attente, il fut nommé professeur de théologie morale au Grand Séminaire, il accepta par obéissance, et ses anciens élèves se rappellent toujours son enseignement simple, clair et pratique. Ce fut durant les grandes vacances qui suivirent, en août 1845, que Mgr Gignoux, contraint de différer son voyage *ad limina* et jaloux de procurer des distractions au cher directeur qu'il venait de nommer chanoine honoraire, le députa comme son représentant à Rome : le Pape Grégoire XVI reçut le mandataire avec bienveillance et le traita avec honneur, *eâ benevolentiâ excepimus*, dit le Souverain-Pontife, dans sa réponse du 23 août 1845, à Mgr Gignoux, *quæ hominem decebat gravissimo tuo, Venerabilis Frater, testimonio commendatum.* Le pèlerin de Rome n'oublia jamais ce flatteur et confiant accueil, ni cette ville des Papes qu'il voulut revoir plus de vingt ans après.

M. Marthe continua ses fonctions de lecteur de morale, doublées de celles de professeur de musique et bientôt de directeur du Séminaire, jusqu'au mois d'août 1860, époque où, par suite de la démission du pieux et zélé M. Heu, il fut appelé, aux acclamations de tous, à la tête du Séminaire, en qualité de supérieur. Ce ne fut pas sans résistance qu'il accepta cette lourde charge : tout en se soumettant, il réclama non seulement l'aide de M. Heu, qui demeurait près du Séminaire, mais encore le concours actif de Mgr Gignoux : « Monseigneur, dit-il, c'est vous qui serez, non simplement en droit, mais en fait supérieur du Séminaire : aussi permettez-moi de vous demander de venir y reprendre, aussi souvent que vous le pourrez, vos lumineuses et saintes lectures spirituelles. »

A partir de ce moment, M. l'abbé Marthe qui, par caractère, redoutait la responsabilité, devint un autre homme : *Honores mutant mores*, les honneurs, disait-il, doivent changer nos mœurs dans le bon sens, et la vie doit s'élever avec le rang. Il combattit plus que jamais la vivacité extérieure de son tempérament : il se montra plein de dignité, de gravité, de douceur, de patience, d'égalité d'âme : vertus d'autant plus méritoires de sa part que sa nature était plus ardente, plus prime-sautière. Il dilata son cœur avec une tendresse toute paternelle et même, à la fin, toute maternelle, pour embrasser dans une même affection ses chers élèves et les directeurs associés à sa mission. En un mot, pendant près de vingt-six ans, sa sollicitude pour les intérêts spirituels et temporels du Séminaire, sa vigilance, toujours en éveil depuis 4 h. 1|2 du matin jusqu'à 9 heures du soir, son incessante activité faisant face à tout, son amour pour la discipline, qu'il gardait et faisait observer jusque dans les moindres détails, sa piété, son zèle pour le succès des études et des conférences ecclésiastiques, son tact, son goût fin, sobre et sûr pour le bien, ce qui constitue la sagesse pratique, *recta sapere*, son esprit d'ordre et de conseil, sa douce fermeté, enfin son invariable régularité qui était, comme l'a si bien dit Monseigneur l'Evêque, sa vertu distinctive, ont fait de lui le supérieur modèle, le digne confident de Mgr Gignoux et l'exécuteur de ses dernières volontés, le conseiller très estimé — leurs récentes lettres de condoléances en font foi — de nos autres évêques, le père et l'homme de confiance de tout le clergé, un exemplaire vivant de la perfection sacerdotale. C'était bien là le prêtre supérieur qui, tous les jours de sa vie laborieuse, fit la volonté de Dieu et l'édification de ses frères : *Ecce sacerdos magnus, qui in diebus suis placuit Deo et inventus est justus.*

Son zèle actif ne trouvait pas un aliment suffisant dans l'intérieur du Séminaire. Dispensé des fonctions du canonicat titulaire, dont il était investi depuis le 22 août 1868, il continua de se dévouer sans mesure, et sans souci de la fatigue, au couvent des Sœurs de St-Aubin, à Beauvais. Pendant quarante-deux ans, il fut le directeur et le père spirituel de cette communauté ; avec quel zèle, quelle abnégation, plusieurs faits le feront comprendre : de 1844 à 1861, il alla, hiver comme été, leur dire la messe à six heures du matin ; et à la même heure, durant les vacances, de cette chère maison de Goincourt, où il aimait tant à se retrouver, il revenait chaque jour à St-Aubin célébrer le St-Sacrifice ; enfin, vers 1860, donnant, dans son pays natal, une mission qui fut très fructueuse, il faisait à pied le matin les quatre grandes lieues qui séparent La Houssoye de Beauvais, afin de donner à ses filles la consolation d'entendre la messe et de communier. C'est avec ce dévouement et un désintéressement absolu qu'il consacra son temps et ses forces à la formation de ces chères Religieuses, dont il fit d'excellentes institutrices, de pieuses et dévouées garde-malades, et qu'il mit, à Goincourt, à la tête d'un pensionnat et d'un ouvroir florissants. Comme souvenir de sa généreuse affection, il laisse aux Sœurs de la communauté de Beauvais, non seulement le riche maître-autel de leur nouvelle et brillante chapelle, mais encore des recommandations écrites et touchantes qui sont comme son *testament spirituel.*

Les voici telles qu'il les remit peu de temps avant sa mort, et signées de sa main, à la vénérée Mère Maxence, supérieure de la maison :

« Je demande à toutes mes chères et pieuses filles de St-Aubin, à Beauvais, les trois premières communions qu'elles feront après ma mort et trois indulgences plénières. Je demande à chacune d'elles pendant trois mois plusieurs communions et indulgences plénières, c'est-à-dire que tous les jours, pendant ces trois mois, une de mes chères filles, désignée par la Mère Supérieure, sera chargée de répondre à la justice de Dieu pour l'âme de son Père. Elle fera ce jour-là la sainte Communion et me méritera l'application totale d'une indulgence plénière.

« Dieu me fera la grâce de connaître celle qui sera la plus généreuse.

« Enfin, je demande à toutes quelques pieux souvenirs devant le saint Tabernacle.

« *Huic ergò parce, Deus!*

« Je recommande à toutes mes chères filles l'esprit intérieur, sans lequel il n'y a pas de vie religieuse.

« MARTHE. »

Comme il est facile de le voir, on trouve, en abrégé, dans ces recommandations rapides et précises, les qualités de son esprit pratique, de son cœur et de sa piété.

M. l'abbé Marthe avait l'esprit fin, délié, pénétrant, plein de ressources, ingénieux, malin sans être malicieux (1). Il avait l'intelligence largement ouverte et cultivée ; il n'aimait pas à écrire ; on pourrait néanmoins citer de lui plusieurs discours, un discours de distribution de prix à Goincourt, en 1835, et d'autres allocutions de circonstance, qui témoignent de la pureté de son goût et de l'élégante précision de son style. Ses nombreuses lettres étaient des modèles de lettres administratives, claires, concises, expéditives, et non toutefois dépourvues de cœur. Mais il était surtout un judicieux aristarque, un excellent juge pour le fond et la forme. Dieu, qui proportionne les dons à la vocation, l'avait doué pour l'action, *ad omne opus bonum instructus*, plutôt que pour la parole et la prédication. Du reste, il provoquait et appréciait les fortes études : il voulut surtout donner une vigoureuse impulsion à l'enseignement de la vraie philosophie et de la saine théologie. C'est dans ce but que, suivant ses ressources et sans augmentation de charges pour le Diocèse, il eut la louable inspiration d'envoyer à Rome un certain nombre d'élèves pour y puiser à leur source, et dans toute leur pureté, les sciences ecclésiastiques. L'auteur de cet article, à jamais heureux et honoré d'un choix qui fut le principe des plus douces joies, des plus chers souvenirs de sa vie, ne se rappelle jamais sans émotion l'ardeur communicative avec laquelle M. Marthe lui fit part de cette idée, éclose dans son cœur paternel au contact du cœur de N.-S. dans l'Eucharistie, à la procession du S. Sacrement de l'année 1864. Nous savons que, si les circonstances l'avaient permis, cet essai eût été

(1) Personne n'excellait, comme lui, à éventer, à déjouer certaines ruses ou fredaines juvéniles ; et d'ordinaire, dans les combinaisons inventives, il avait le dernier mot : plusieurs des traits de finesse ou d'habileté de sa jeunesse resteront légendaires.

continué. Mais, du moins, honneur à Dieu pour ce qui a été tenté, et merci au Père qui a été l'instigateur et l'instrument de cette œuvre bénie !

Si *le vrai chrétien vit de la foi*, à plus forte raison le prêtre selon le cœur de Dieu : c'est dire combien en M. Marthe était ardente la foi ; la piété forte, non moins que tendre ; et dévoué l'amour pour Notre-Seigneur, victime et souverain Prêtre dans l'Eucharistie. Avec quelle assiduité ponctuelle il aimait à venir s'entretenir avec Lui dans les visites de chaque jour au Saint-Sacrement ! Quel culte filial il professait aussi pour la Sainte Vierge, dont il visita plusieurs fois le sanctuaire à Lourdes, ou bien à laquelle il députait tous les ans, à ses frais, des pèlerins ! Nous l'avons vu, plus d'une fois, s'éloigner, les larmes aux yeux, de la Basilique de Marie Immaculée, dans la crypte de laquelle il voulut présider la première communion de sa dernière petite-nièce, et où il se promettait bien, malgré son grand âge, de revenir prier encore ! Enfin, avec quelle pieuse complaisance il rappelait les pèlerinages de son enfance et de sa jeunesse à la *Chapelle* d'Auneuil et à Notre-Dame de Ville-en-Bray !

C'est du cœur et de la foi que jaillissent les saintes et généreuses pensées : aussi le cœur, chez M. Marthe, était la faculté maîtresse. Sous une écorce en apparence rude et avec des dehors vifs et brusques (1), il avait une grande tendresse et

(1) Ses deux grands yeux vifs et saillants, — mais bons au fond, — inspiraient quelque effroi de prime abord et lui donnaient toujours de l'ascendant même sur les natures les plus hardies. Un jour en diligence, un de ces hommes grossiers, que la vue d'une soutane exaspère, comme l'aspect de la vertu gêne le vice, crut spirituel de déverser sa bile en paroles inconvenantes ; la présence même d'une jeune mère, avec une petite fille de 8 à 10 ans, ne le retint pas. Ce fut précisément ce qui décida M. Marthe à rompre le silence ; posant ses deux mains

délicatesse de sentiments. On pourrait donner pour devise à son caractère et à sa vie cette parole de l'Ecriture : *Suaviter et fortiter*, la suavité jointe à la force ; aussi avait-il une dévotion spéciale à son patron, S. François de Sales, non seulement à cause de son esprit gracieux et piquant, mais encore et surtout à cause de sa douce charité. Il se plaisait à relire la vie admirable de l'Evêque de Genève, comme à citer ses mots et ses traits saillants, toujours si pleins de sel gaulois et de montant chrétien ; il portait fidèlement son saint *Cordon*, si chaleureusement recommandé par le François de Sales de nos jours, Mgr de Ségur, et il propageait autour de lui cette salutaire dévotion. « J'ai », disait-il, « une prédilection pour ce grand docteur de la *Vie dévote*, pour ce charmant disciple et apôtre de Celui qui a dit : *Apprenez de Moi que je suis doux et humble de cœur* ». (S. Matth. XI. 29.)

La fermeté suave de ce parfait modèle inspirait le dévoué Supérieur dans toute sa conduite, notamment dans son administration. Avant tout homme d'autorité, la volonté épiscopale était sa loi, une règle sacrée pour lui. Sous des apparences autoritaires et tranchantes, il était souple et conciliant ; défiant de lui-même, il savait, mérite insigne, hésiter et demander avis avant de prendre une décision. Il avait la sagesse et la patience d'écouter les raisons qu'on pouvait lui donner,

---

sur les genoux de l'énergumène, qu'il secouait en le fixant dans le blanc des yeux, il lui dit : « Malheureux, si vous ne vous respectez pas, respectez au moins l'innocence, cette dame et cette enfant. » — L'autre interloqué, et voulant fuir ce regard franc et scrutateur, lui répondit : « Laissez-moi tranquille, vous, Monsieur, vous me percez la poitrine avec vos yeux *infernals* ! — Ce qu'il y a d'infernal ici, répliqua M. Marthe, ce sont les discours que vous vous permettez. Allons, vous n'allez pas continuer sur ce ton, n'est-ce pas ? » C'était fini, le lion fut tenu en respect et s'adoucit même tout à fait.

et ensuite, autant que le comportait sa conscience, d'en tenir compte. Tel était au fond le secret de sa direction lumineuse et sûre : c'est qu'il savait s'éclairer lui-même, soit au foyer du Cœur de Jésus, dans la prière, soit au contact de l'expérience et des observations d'autrui. Voilà ce qui caractérisa sa direction à la tête du Séminaire; voilà ce qui donna du poids à ses paroles dans le Conseil de nos Evêques.

Son bon goût, son tact le guidèrent aussi sûrement dans des sphères moins hautes et moins importantes, par exemple dans le domaine de la musique. M. Marthe était bon musicien: non seulement il aimait la musique et savait l'apprécier, mais il était capable de l'exécuter; et jusque dans ces dernières années, à Goincourt, pour la messe chantée en l'honneur du St Sacrement, il faisait à merveille sa partie, comme violoncelliste, dans un orchestre composé de vénérables et pieux artistes comme lui.

Nous voulons, à ce sujet, rapporter ici le jugement autorisé de l'un d'eux, de M. le Maître de chœur de la Cathédrale :

Si l'on devait, nous dit-il, écrire un jour l'histoire de la musique religieuse dans le diocèse de Beauvais, la plus large et la plus belle place y serait assurément réservée à M. le Supérieur. Chargé à Saint-Germer des cours de chant, il fut séduit par la beauté si pure, par l'expression si religieuse de l'*Hymne à la Nuit*, composé par Neukomm sur les paroles de Lamartine; et, comprenant tout de suite le mérite supérieur de cette musique toujours grave, quoique sans austérité puritaine, expressive, mais sans afféterie ni mollesse, simple, mais sans vulgarité, d'une inspiration facile mais toujours élevée, d'un éclat tempéré, d'un accent toujours convenable, il proscrivit les productions légères, les nullités, les fadaises, que le mauvais goût avait introduites dans nos églises, et, pour les remplacer, il osa demander à l'auteur de l'*Hymne à la Nuit* le concours de son beau talent. C'est à ses relations d'amitié, bientôt intimes, avec l'illustre compositeur, et rendues plus étroites encore par un voyage dans le Tyrol et un séjour en commun près des parents et amis de Neukomm, que nos Séminaires durent les grands motets à la Ste Vierge et à St Louis de Gonzague, entre lesquels chacun parmi nous se rappelle avec bonheur le suave *Quàm pulchri....;* la splendide Messe en *si* bémol, et tant d'autres, que l'on ne connaît pas assez ; les recueils de cantiques où abondent les petits chefs-d'œuvre, comme *Reviens, pécheur, Quand vous contemplerai-je, Salut, étoile du matin, Espoir du pécheur, Près de son doux Jésus, Petit Enfant,* etc., etc. Outre un volume de chants sacrés en français, Neukomm, à la prière de son ami, et parfois même sur place, à Goincourt(1), composa spécialement pour le Grand Séminaire, 40 motets, qui sont pour la plupart dans la mémoire de tous les prêtres du diocèse ; plusieurs messes, et surtout les Offices de la Semaine Sainte, si remarquables à tous les points de vue. Vraiment la Cathédrale de Beauvais n'aura rien à envier aux meilleures maîtrises, aussi longtemps qu'on pourra entendre les Passions, les Lamentations, et les *Improperia* de Neukomm, qui, plus d'une fois, fut heureux de venir entendre ou même faire exécuter sa musique à la Cathédrale.

Il n'y a pas à comparer cette musique avec celle de Palestrina, qui appartient à un genre tout différent. Mais on peut dire qu'après avoir entendu l'œuvre du maître italien, on est encore touché de celle de notre *maëstro.* Or ce fut, à côté

(1) M. Marthe a fait conserver pieusement au salon de la maison de Goincourt, dans un cadre doré, la composition autographe d'un *Sit nomen Domini benedictum.* Ce canon à 4 voix, signé de Neukomm, est daté du *4 juillet 1842, à Goincourt.*

d'autres mérites, l'honneur de M. l'abbé Marthe d'implanter parmi nous ces admirables compositions. Après en avoir été l'inspirateur, il les fit interpréter par les élèves du Grand Séminaire, et jusqu'à sa mort, il ne cessa de les propager, même au prix de lourds sacrifices.

D'ailleurs, il convient d'ajouter qu'il n'était pas exclusif dans ses sympathies artistiques. Les anciens élèves de Goincourt se souviennent encore des grandes œuvres d'Hændel, d'Haydn, de Mozart, qu'il leur fit exécuter. Ce qu'il ne pouvait souffrir, c'était les rapsodies musicales sans valeur, de mauvais goût, indignes de l'église, parce qu'elles outragent autant les lois de l'art et du langage que les convenances religieuses.

Restaurateur dans notre pays de la musique religieuse, M. le Supérieur n'oubliait pas que le chant grégorien doit être le pain quotidien de nos maîtrises, de nos lutrins et des assemblées chrétiennes. Il en étudia les règles dans les meilleurs maîtres, et leur réserva toujours une place convenable dans l'enseignement du Séminaire. Lorsque se réunit à Paris, il y a quelque 30 ans, un Congrès pour la restauration du chant dans les Eglises, il fut un des premiers à offrir son concours pour cette œuvre, de concert avec M. d'Ortigue, son ami. Dans les conseils qu'il put donner alors, nous sommes certains qu'il unit, en une mesure parfaite, le zèle et la prudence, la charité et la délicatesse, le savoir et le bon goût.

Telles étaient les ressources variées, d'ailleurs décuplées par une mûre expérience, dont était douée la nature active et ardente de M. l'abbé Marthe; et l'on pouvait espérer que, grâce à son tempérament d'athlète, d'une vigueur maintenant peu commune, il ferait jouir longtemps encore le Séminaire et le diocèse des fruits de ses talents et de ses vertus. Ces espérances s'étaient fortifiées et comme rajeunies, lors de la joyeuse cinquantaine sacerdotale des deux vieux amis et anciens directeurs de Goincourt, célébrée le 25 septembre 1882, dans la maison bénie où s'étaient écoulées les premières et les meilleures années de leur ministère. Avec quel entrain, quelle radieuse émotion, M. l'abbé Marthe présida cette noble et cordiale fête de famille! Avec quelle allégresse il porta la santé du cher et éminent président désigné, — mais empêché par des exigences imprévues et majeures, — (M. le général d'Arguesse), « dont l'admirable lettre, disait-il, nous fait encore plus vivement regretter l'absence! Je l'invite à un second banquet, où nous aurons l'honneur d'acclamer et de saluer en lui la plus haute dignité!... » Et tous, maîtres et anciens élèves, se promettaient bien aussi de célébrer, avec encore plus d'élan, les *noces de diamant* des deux vigoureux jubilaires. Qui eût pu prévoir en effet qu'au *Magnificat* reconnaissant de leurs *noces d'or*, selon l'expression de M. l'abbé Marthe, succéderait si vite le sombre *Nunc dimittis?*

En M. Marthe surtout, *la jeunesse semblait*, avec les années, *se renouveler comme celle de l'aigle*; ses confrères dans le sacerdoce le retrouvaient toujours, dans les retraites pastorales, ainsi que les directeurs dans la vie intime du Grand-Séminaire, alerte et vigoureux, « le père toujours jeune de la jeunesse lévitique » qu'il aimait si tendrement. Il continuait, avec une exemplaire ponctualité, avec un zèle infatigable, non seulement son travail de formation des jeunes Clercs à la prudence, à la piété, à toutes les vertus de l'état ecclésiastique, mais encore les différents ministères confiés à son dévouement : l'administration spirituelle de son couvent de St-Aubin, puis la direction des Sœurs de la Sagesse, à la prison, et des Religieuses de Nevers, à l'Hôtel-Dieu, dont il était le confesseur extraordinaire. Les vertus de ces âmes d'élite, aussi bien que leurs regrets, témoignent avec éclat du zèle, du tact, de la ferveur et de l'abnégation de leur Directeur. En un mot, cette incessante activité justifiait chaque jour cette parole, si vraie et si vivement applaudie, de Monseigneur l'Evêque, à la clôture de la dernière retraite ecclésiastique : « M. le Supérieur ne vieillit pas, il dure. »

Oui, M. Marthe semblait, par un heureux privilège, se perpétuer à la tête de sa famille, dont les membres se multipliaient d'année en année. Que de générations sacerdotales n'a-t-il pas formées, qui sont sa gloire et sa couronne : *Generatio et generatio laudabit opera tua?* Tel elles l'avaient vu en 1860, tel, à peu près, elles le retrouvaient en 1886, toujours actif, toujours énergique, toujours préoccupé du bien de ses élèves ou mieux de ses enfants. *Quis infirmatur*, pouvait-il dire avec St Paul, *et ego non infirmor? Quis scandalizatur, et ego non uror?* (II. Cor. xi, 29.) Pouvait-il y avoir, dans le Séminaire, un événement qui n'eût, dans son cœur, son contre-coup joyeux ou pénible? Et cette *sollicitude quotidienne*, il la porta jusqu'au bout avec une verte vigueur. C'est à peine si, vers la fin, ses épaules semblaient non point s'affaisser, mais se fatiguer; il restait, au fond, à peu près le même, ayant presque toujours la même trempe de caractère, la même énergie de volonté, toujours homme du devoir et le premier partout, malgré les oppressions qu'il éprouvait, surtout pendant l'hiver. « Je fais le vaillant, disait-il quelques semaines avant sa mort à l'un de ses directeurs, mais parfois je souffre beaucoup tout de même. Ce pourrait bien être le commencement de la fin. »

Cependant, ce qui ravivait en lui la pensée ou même le pressentiment de sa fin, et d'une fin prochaine, c'était moins le poids de l'âge ou de l'infirmité que son entrée dans sa 80e année et la vue des vides produits à la longue par la mort autour de lui et dans ses affections les plus chères. La perte de Mgr Gignoux, son père et son tuteur, de Mgr Obré, un de ses vieux amis de St-Germer, de M. l'abbé Duporcq, un de ses intimes, du vénérable M. l'abbé Dufaure, autre survivant des jours anciens, l'avaient vivement impressionné. « Tous ces départs successifs, disait-il en appuyant la main sur l'épaule de M. Caffet, nous avertissent que notre tour viendra bientôt... »

Il vint en effet, et plus vite qu'on ne pouvait le redouter. Mais du moins le cher et regretté Supérieur, par une dernière grâce, commune à son ami M. Caffet, est mort de la mort même qu'ils pouvaient désirer l'un et l'autre. Ces deux hommes, laborieux et délicats, avaient horreur des soins, parfois humiliants, que nécessitent la maladie et l'infirmité. Précisément Dieu leur a épargné cette extrémité pénible : quelle fin plus enviable que la leur ! Prêtres zélés, ils sont tombés pour ainsi dire à l'autel, M. Caffet, en s'y affaissant le mardi-saint, M. Marthe, en tenant à célébrer le lundi de Pâques, dans une des chapelles de *son cher* Séminaire, une dernière messe qui fit empirer son état. Ils se sont endormis, comme deux ouvriers infatigables ferment les yeux pour se reposer après une longue journée bien remplie : c'était le matin du vendredi 30 avril, jour consacré à la Passion, que tous les deux avaient si bien méditée et suivie ; à la veille, à l'aurore liturgique du beau mois de Marie, au jour anniversaire de ces ouvertures solennelles faites dans les allées du Séminaire, — les seules fonctions publiques du culte que M. Marthe consentît volontiers à remplir ; — et c'était M. l'abbé Caffet, l'apôtre si convaincu de la dévotion à la Sainte Vierge, qui allait prier la Reine du ciel de se faire l'introductrice de son ami dans la patrie.

Du reste, ils avaient déjà tous les deux, dans l'éternité,

depuis le 1er mars 1878, un précurseur et un avocat non moins puissant que dévoué : c'est le regretté Mgr Gignoux. Oh ! quelle ne fut pas leur joie de le retrouver dans le sein de Dieu ! Et lui-même, comme il dut être heureux d'accueillir en M. Marthe, un de ses collaborateurs les plus fidèles, et en M. Caffet, un des plus intimes confidents de son âme et de sa vie.

IV.

M. L'ABBÉ CAFFET.

De même que M. l'abbé Marthe était le Supérieur par excellence, ainsi M. Caffet fut le prêtre modèle.

Germain-François Caffet naquit, le 28 juin 1808, dans la religieuse paroisse de Ribécourt, de parents honnêtes et chrétiens. Il fut soigneusement élevé par eux dans les principes et les pratiques de la foi, avec sa sœur bien aimée, Mme Demonceaux, qu'il eut la consolation d'assister, il y a quelques mois, et de voir partir peu avant lui-même dans l'autre vie, comme une prédestinée. Il aima toujours sa paroisse, où chaque année il se plaisait, malgré ses occupations, à retourner prendre quelques vacances, pour revoir ses amis, soit de Ribécourt, soit de Carlepont, et surtout l'un de ses plus sympathiques confrères, M. l'abbé Maurice. Avec quel zèle, avec quelle généreuse satisfaction il applaudit et s'associa, par de lourds sacrifices, à la restauration de cette chère église de son pays natal ! Il s'y était attaché comme au berceau de sa vie chrétienne et de sa vocation.

Cette vocation grandit vite dans l'atmosphère favorable du foyer paternel et au souffle bienfaisant d'un vénérable prêtre, dont son élève parlait souvent avec reconnaissance. Ses dispositions pour l'étude et pour les choses de la Religion, son air modeste et plein de distinction, sa gravité précoce, sa douce piété, étaient déjà l'indice manifeste des vues de la Providence sur l'enfant de Ribécourt. Ces signes de l'appel divin ne firent que s'accentuer au cours des sérieuses études classiques qu'il fit avec succès au collège de Compiègne. Au Grand Séminaire, il se trouva plus pleinement encore dans son élément, et l'étude de la philosophie et de la théologie, sous MM. Gignoux, Poullet et Heu, aussi bien qu'une piété forte et éclairée, le disposèrent au sacerdoce et lui en inspirèrent d'avance l'esprit. Il en reçut le caractère des mains de Mgr de Simony, à Soissons, le 22 septembre 1832, dans des jours encore difficiles, et aux côtés de son intime ami, M. Marthe.

Sa maturité précoce et ses autres qualités d'esprit et de cœur le firent immédiatement choisir comme directeur au grand séminaire, dont il fut l'économe pendant trois ans. Puis, durant dix années, il fut le collaborateur fidèle et dévoué de M. Marthe, au Pensionnat de Goincourt. Il s'y montra non seulement le régulier observateur, mais encore le défenseur inflexible de la discipline; il avait la vigilance et la fermeté d'un capitaine instructeur : et le jour des *noces d'or*, le 25 septembre 1882, à Goincourt, l'ancien Chef de l'institution rappelait en souriant le titre de *Père sévère* que les élèves avaient donné au maître de discipline ; mais toutefois ils ne lui en tenaient pas rigueur, puisque bon nombre lui avaient confié et lui conservaient bien volontiers la direction de leur conscience : puis tous les survivants s'accordent à dire que l'austère surveillant avait au confessionnat la tendresse d'une mère. Du reste, ce qui prouve combien, après 42 ans, son souvenir, à la suite de celui du bien aimé Supérieur, est resté cher à tous, c'est que, sur l'initiative fort louable de l'un des anciens Elèves, ceux-ci se proposent, — et ce projet semble devoir être bientôt couronné d'un plein succès, — d'ériger, dans la chapelle de Goincourt, une plaque commémorative, qui consacrera la mémoire des deux chers Défunts et la reconnaissance de leurs enfants spirituels.

Après la fermeture, si pénible à son cœur, de la maison d'éducation de Goincourt, en 1844, M. l'abbé Caffet fut un an attaché comme aumônier au jeune Pensionnat de Frères de la doctrine chrétienne. Puis, en 1846, Mgr Gignoux lui confia l'aumônerie du Sacré-Cœur, avec la direction de sa propre conscience. Telle était bien la place que lui avait assignée la Providence : c'était là, dans ce poste aussi important qu'en harmonie avec ses goûts de vie cachée, qu'il devait trouver non pas le repos, mais un laborieux et modeste ministère. Dès lors, il n'eut plus qu'une ambition : celle de modeler son âme à la ressemblance du Cœur de Jésus et de former sur cet Exemplaire divin et nécessaire les âmes qui lui étaient confiées. Avec la piété d'un ascète et le zèle dévoué du bon pasteur, il s'appliqua, par ses catéchismes exactement faits, par des instructions, sinon brillantes, du moins solides et vibrant de l'éloquence de la conviction et du cœur, enfin par une habile et ferme direction, à faire l'*éducation* de ses élèves ou de ses pénitentes. Non content de se dévouer au bien spirituel de son cher Pensionnat, il fut encore l'instigateur, le directeur et le soutien des œuvres de zèle qui furent alors créées au Sacré-Cœur, sous la noble et pieuse impulsion de Mme de Castel : l'association des jeunes ouvrières enfants de Marie, et la réunion des jeunes apprenties, qui fut plus tard transportée dans la maison paternelle de de Mlle de Viermes et devint l'*Ouvroir de la Providence.*

Mgr Gignoux, sous l'inspiration d'un dévouement pastoral qui s'étendait à tout, mais aussi sous l'impulsion d'amis zélés, comme M. l'abbé Caffet, se montrait à bon droit soucieux de l'avenir religieux des jeunes filles qui sortaient des écoles primaires du Sacré-Cœur : il désirait ouvrir pour elles, à la suite de leurs classes, un ouvroir où ces anciennes élèves pourraient entrer en apprentissage, sous la sûre direction des Dames du Sacré-Cœur. A cette fin d'ailleurs, la Rde Mère Barat, alors supérieure générale, avait promis deux religieuses de sa Congrégation. Mais restait à faire la fondation : œuvre lourde et difficile qui déconcertait plus d'un bon vouloir. Dans une réunion solennelle des Enfants de Marie, où la question fut débattue sans obtenir de solution, Mgr Gignoux, d'autorité ou plutôt par une inspiration d'En-Haut, *chargea* de l'exécution du projet Mlle Polle de Viermes : celle-ci, considérant comme un ordre un désir de son Evêque, assuma le fardeau, de concert avec Mlle Marie Delacourt et Mlle Aglaé Michel.

On se mit aussitôt à l'œuvre : un terrain fut acheté et l'on se mit en mesure d'y construire l'ouvroir désiré ; le 1er mai 1845, les enfants commencèrent à travailler dans un local provisoire. A cette œuvre naissante, il fallait un aumônier volontaire : M. l'abbé Caffet accepta généreusement cette mission et s'efforça, par des catéchismes de persévérance réguliers et par une direction spirituelle assidue, de compléter l'instruction religieuse de ces jeunes ouvrières et de former leurs âmes aux habitudes et aux pratiques de la Religion. Ses patients efforts ne furent pas inutiles : ils contribuèrent à la longue à créer une *Association d'Enfants de Marie* recrutées au sein de la classe ouvrière ; le prêtre zélé qui avait présidé si volontiers à leurs débuts continua de les diriger et de former en elles de vraies et solides chrétiennes, dont les enfants persévèrent à leur tour.

Au bout de dix ans, le Sacré-Cœur de Beauvais, ne conservant plus la surveillance de cette Œuvre, essaya, mais en vain, de la confier à d'autres Religieuses. C'est alors que Mlle de Viermes, dont le nom du reste avait été mis en tête de toutes les souscriptions et demandes en faveur de l'Ouvroir, s'appuyant sur la parole de son Evêque qui l'avait rendue « personnellement responsable » de cette Œuvre, résolut d'abandonner le terrain et les bâtiments dus à la charité publique et occupés jusque-là ; puis, se confiant à la *Providence*, elle vint, sous son vocable et ses auspices, abriter les jeunes ouvrières à l'ombre du foyer où elle avait elle-même grandi à l'école de la Religion et de la charité.

Le dévoué directeur suivit cette œuvre sur son nouveau théâtre; et qui dira le zèle, le désintéressement, l'abnégation avec lesquels il se consacra de la sorte à un ministère toujours fatigant, parfois difficile et même pénible? Mais aussi quels fruits consolants ne produisit-il pas ! Il a trempé dans les eaux de la pénitence et au foyer du Cœur de Jésus des âmes énergiques; et l'on retrouve, dans la classe ouvrière de Beauvais comme dans la classe aisée, des caractères pleins de fermeté qui portent l'empreinte de son action. Seul, Dieu sait le nombre des cœurs qu'il a *élevés* ou *relevés*, soutenus et fortifiés, durant les 42 années qu'il dépensa dans l'obscur et laborieux ministère des âmes, passant au tribunal de la pénitence les deux tiers de ses journées et la moitié de son existence. En dehors de ces travaux, il trouvait encore le moyen de consacrer, par intervalles, une partie de son temps à l'instruction religieuse de plusieurs jeunes gens des meilleures familles de Beauvais ou des environs. On était jaloux de confier à la direction de son cœur et de sa foi les frères des jeunes filles qu'il initiait si bien à la science chrétienne, à la vertu, à la piété : des deux côtés d'ailleurs, son influence fut également éclairée, ferme et féconde.

Même après qu'une honorable retraite, justement méritée, lui eut ouvert les portes du Chapitre, d'abord pendant un an à titre de vicaire, puis en 1881, en qualité de chanoine titulaire à la place de M. l'abbé Bourgeois, il continua toujours son rôle de médecin, juge et directeur des consciences; et presque tous les jours, soit à la suite de la messe canoniale, soit à l'issue des vêpres, il passait de longues heures au confessionnal; là étaient assurés de le trouver, à heure fixe, non seulement les habituées qui recherchaient si fidèlement sa direction, mais encore les étrangers et autres pénitents. De même, il accepta les fonctions de confesseur extraordinaire des Dames du Sacré-Cœur, parmi lesquelles son souvenir est resté vivant et qui ont fait célébrer en son honneur, le mercredi 13 mai, un service solennel dans leur chapelle, comme les Enfants de Marie ont fondé à son intention un annuel de messes qui sont dites, tous les samedis, dans l'oratoire de la *Providence.*

Enfin, non content de se dévouer ainsi de près à tant d'âmes diverses, il suivait et soutenait au loin, par une active correspondance, celles que les circonstances soustrayaient à son influence directe. Ce ministère exercé par lettres, il l'a continué jusque dans sa dernière maladie; on en trouve une preuve dans la lettre suivante, interrompue par la mort et destinée à l'une de ses enfants spirituelles, qui lui avait notifié la perte d'une jeune fille de 18 ans et pleine d'avenir :

« Vous avouerez, ma chère Enfant, que c'est un bon avertissement pour tous... Nous avons tous à penser à ce qui nous sera avantageux, quand nous irons rendre compte à

Celui qui nous a donné la vie, et qui n'a pas craint de venir à nous pour nous l'augmenter dans un ordre supérieur à celui de la nature et qu'on appelle l'ordre de la grâce.

« Rappelons-nous ce qu'il a fait pour cela : c'est le moment actuellement.

« Quand on pense à cela, que devient la puissance du respect humain et de la peur du monde, quelque méchant qu'il soit?

« *Mihi pro minimo est ut à vobis judicer*, (il m'importe bien peu que je sois jugé par vous, disait St Paul aux mauvais chrétiens de son temps.)

« Je suis malade.... »

Cette lettre, écrite d'une main très ferme encore, sauf les trois dernières lignes, et signée pour ainsi dire par la mort, montre d'une façon touchante que les suprêmes sollicitudes du zèle de M. Caffet et les derniers efforts de sa main défaillante furent en faveur de ce ministère de direction spirituelle aussi cher à son cœur que salutaire pour les âmes.

Voilà comment il occupait les loisirs de sa verte vieillesse : puissant en œuvres plus qu'en paroles, il passa jusqu'à la fin en faisant le bien, toujours homme de principes, de caractère et de sage réserve. En un mot, c'était vraiment l'homme de Dieu : *Tu autem, ô homo Dei*, aurait-on pu lui dire avec S. Paul.

Oui, M. Caffet était un homme de Dieu : grave, digne, modeste, pieux, zélé, discret, parfois peut-être jusqu'à l'excès, plus bienveillant que gracieux, mais toujours bon et dévoué. Sans détester les aimables jovialités, il était prêtre en tout, partout et toujours : ce qui plaît aux personnes mêmes du monde. Aussi imposait-il à tous le respect et la sympathie par son air sérieux — mais non morose — et par la régularité de ses habitudes sacerdotales. C'était l'homme du surnaturel, et surnaturel lui-même dans ses intentions et dans sa vie. Une des maximes de sa direction était cette parole : *Sursum corda*, en haut les cœurs ! Et ce qu'il recommandait aux autres, il le pratiquait lui-même. Il n'avait qu'un but : établir en son cœur et dans les âmes le règne de Jésus-Christ ; *oportet Illum regnare*, il faut qu'Il règne par sa grâce, répétait-il après S. Paul ; et ce règne intérieur et social du Sauveur, il voulait le constituer sous les auspices et le patronage de Marie, puisque Marie, depuis qu'elle nous a donné le Dieu-Homme une première fois, est la reine de son royaume, la mère de tous les sujets et enfants de son Fils. Tels étaient les principes, — les seuls vrais, — qu'il inculquait aux âmes dociles et souples qui se plaçaient sous sa paternelle et ferme autorité.

Ces principes, il aurait voulu qu'ils fussent aussi dominants, comme il le faudrait, dans la société : et quelle souffrance pour lui de voir le monde s'en écarter de plus en plus, pour marcher à l'aventure vers les précipices et les catastrophes ! Aussi les doctrines *libérâtres*, comme il les appelait, et certains noms, synonymes pour lui de lâches compromissions, le faisaient bondir encore jusque sous ses cheveux blancs. Il ne comprenait pas ces concessions, ou plutôt il en voyait, il en sentait tous les dangers. Il avait un de ces caractères d'acier, qui plient peu, mais pourtant ne se rompent pas. C'était un homme droit et, comme on dit, tout d'une pièce. Il pratiquait à la lettre cette règle donnée par le divin Maître : *est, est : non, non* : le *oui* est le *oui*, et le *non* est *non*, sans alliage permis entre les deux.

Malgré toutefois cette inflexibilité de principes, il avait la sagesse et la vertu de céder devant la nécessité : il savait bien tourner les obstacles qu'il ne pouvait renverser ou surmonter. Il a fait voir, en plus d'une circonstance douloureuse de sa vie et de son ministère, que sa patience, — cette patience qui mène tout à la perfection, — égalait sa prudente fermeté. « Il faut, disait-il, tirer le meilleur parti possible de ce que l'on ne peut empêcher. » Aussi ne se décourageant jamais, jamais il ne désespérait du succès, avec la grâce divine et de la bonne volonté ; et toujours il cherchait à faire passer sa confiance dans les âmes portées à défaillir.

Voilà, rapidement esquissé, ce que fut ce bon et fidèle serviteur : le voilà tel que nous l'avons vu de près, durant de longues années, dans ce cher Séminaire qu'il aimait tant, même avant qu'une fraternelle condescendance lui eût accordé l'hospitalité, près de son ancien compagnon d'armes dans la milice du Seigneur, à l'ombre du sanctuaire où repose le cœur de Mgr Gignoux. Toujours jeune de cœur, il aimait, comme M. Marthe, à se retrouver au milieu de la jeunesse cléricale, qui lui représentait son ancien ministère, ou plutôt l'œuvre préférée de toute sa vie.

Et maintenant, hélas ! cette vie commune, avec ses impressions et ses avantages, n'est plus qu'un souvenir, attristé par les regrets de la séparation ! ou plutôt, non ; tout cela, pour nous, chrétiens qui, à travers nos larmes et au delà du tombeau, voyons les consolantes lueurs de l'espérance chrétienne, est toujours une vivante réalité. Nos morts ne sont que des absents : escortés par leurs œuvres, *opera enim illorum sequuntur illos*, ils vivent devant Dieu et prient pour nous ; et leur bon ange nous répète cette parole gravée sur le socle du caveau de ces chers défunts : *Mementote præpositorum vestrorum, qui vobis locuti sunt verbum Dei, quorum intuentes exitum conversationis imitamini fidem* : Souvenez-vous de ceux qui vous ont précédés et qui vous ont transmis la parole de Dieu ; en considérant l'issue de leur vie, imitez leur foi. (Heb. XIII, 7.)

G. P.

www.ingramcontent.com/pod-product-compliance
Ingram Content Group UK Ltd.
Pitfield, Milton Keynes, MK11 3LW, UK
UKHW021514260726
13993UKWH00004B/1655

9 782329 228693